RAPPORT

AU

MINISTRE DES FINANCES

SUR

L'ADMINISTRATION DES POSTES.

Extrait de L'Annuaire des Postes *de* 1865.

1865

CABINET

DU

CONSEILLER D'ÉTAT

DIRECTEUR GÉNÉRAL

DES POSTES.

RAPPORT

AU

MINISTRE DES FINANCES

SUR

L'ADMINISTRATION DES POSTES.

Paris, le 21 *novembre* 1864.

MONSIEUR LE MINISTRE,

Au moment où l'Administration des Postes vient d'accomplir dans son service des transformations considérables, je dois rendre compte à Votre Excellence des motifs qui ont inspiré ces transformations, des résultats qu'elles ont produit et des améliorations qu'elles permettront de réaliser. Tel est l'objet du travail que je vais avoir l'honneur de mettre sous ses yeux.

La Poste est un monopole : à ce titre, elle a pour mission et pour devoir de servir les besoins publics dans une mesure qui n'a d'autre limite que la limite même de ces besoins. Or, le développement économique et la diffusion des lumières ont pris, dans les années qui viennent de s'écouler, l'extension que chacun sait, et tous ces éléments de la grandeur morale et matérielle de l'Empire ont réagi d'une manière directe sur le mouvement des correspondances. L'accroissement de son revenu postal témoigne de l'activité d'un pays, et en France cet accroissement est régulier et continu. Le revenu brut de l'Administration des Postes, qui était de 63 millions en 1860, s'est élevé à 66 millions en 1861, — à 69 millions en 1862, — à 72 millions en 1863, — et atteindra 75 millions en 1864. Il s'accroît donc régulièrement de 3 millions par an, accroissement qui représente, pour les quatre dernières années seulement, une proportion de 18 p. %. Je dois d'ailleurs rappeler que, dans cette période, le droit sur les transports d'argent a été réduit de 2 à 1 p. %, réduction qui a coûté au Trésor une somme annuelle d'environ 700,000 fr.

Mais c'est moins le chiffre du produit que le nombre des objets transportés qui témoigne de l'accroissement du mouvement postal. La Poste transporte des lettres simples au prix de 20, de 10, de 5 centimes, et des imprimés au prix de 1, de 2 et de 4 centimes; c'est donc dans le nombre plus que dans le produit que se révèle la loi du développement des correspondances.

Le tableau suivant donne avec précision le nombre des objets transportés pendant les quatre dernières années :

TABLEAU PRÉSENTANT LE NOMBRE DES OBJETS DE TOUTE NATURE TRANSPORTÉS PAR LE SERVICE DES POSTES, AINSI QUE LE NOMBRE DE MANDATS D'ARTICLES D'ARGENT ÉMIS PAR LE MÊME SERVICE PENDANT LES ANNÉES 1860 A 1864.

ANNÉES	NOMBRE DE					TOTAL.
	Lettres.	Journaux, imprimés et échantillons.	Chargements.	Contre-seings.	Mandats d'articles d'argent.	
1860	263,500,000	179,138,000	1,720,036	46,080,000	3,492,701	493,939,737
1861	273,200,000	188,930,000	1,997,700	57,600,000	3,572,019	525,299,719
1862	283,000,000	202,000,000	2,254,700	72,000,000	3,544,957	562,799,657
1863	290,000,000	212,000,000	2,700,000	86,200,000	3,700,440	591,600,440
186 (1)	298,000,000	230,000,000	3,200,000	97,000,000	3,940,000	632,140,000

(1) *Les chiffres pour 1864 sont approximatifs.*

Aux termes de ce tableau, les proportions d'accroissement sont les suivantes :

Sur les lettres. . . . . 13 °/o
Sur les journaux et imprimés. . . . . . . 28 °/o
Sur les chargements. . . . . 85 °/o
Sur les contre-seings (correspondances administratives). . . . . 110 °/o
Sur les mandats. . . . . 12 °/o
Sur le total des objets transportés. . . . . 28 °/o

Il est donc vrai de dire que le mouvement postal a augmenté de plus d'un quart dans les quatre dernières années.

J'ajoute que, pendant la même période, le mouvement postal de Paris, qui représente à lui seul les deux cinquièmes du mouvement total de la France, a suivi une progression infiniment plus considérable, et qu'alors que, sur toute la surface de l'Empire, le nombre des correspondances augmentait de 28 °/o, à Paris seul, ce nombre s'élevait de moitié (53 °/o) (1).

Telle est la vérité.

Mais ce développement appelle après lui un développement correspondant dans les moyens d'action de l'exploitation postale; la civilisation a ses droits et ses exigences dont il est politique de tenir compte, et il faut féliciter le peuple dont l'activité réclame incessam-

(1) SERVICE DE PARIS.

ANNÉES.	Lettres.	Journaux, imprimés, etc.	Chargements.	Contre-seings.	TOTAL.
1860	51,702,799	119,275,538	576,000	1,890,666	173,445,003
1864	91,185,488	161,324,180	1,003,648	12,475,296	265,988,612

ment de nouveaux instruments de travail et de prospérité. Partout s'élèvent des demandes de créations d'établissements de poste, de conversions d'établissements secondaires en établissements de plein exercice; les grandes places de commerce demandent l'augmentation du nombre de leurs ordinaires, et celle du nombre de leurs distributions; les campagnes réclament des facteurs ruraux, et l'Administration reçoit de toutes parts des sollicitations dont il lui est impossible de contester la légitimité. Les transmissions télégraphiques ajoutent encore par leur rapidité aux impatiences des populations, et les organes les plus autorisés de l'opinion publique, membres des grands corps de l'État, conseils généraux, préfets, chambres de commerce, etc., se font journellement les échos de réclamations fondées.

Quel que fût le désir très-réel de l'Administration de mettre son exploitation en harmonie avec les besoins nouveaux qui se produisaient, elle devait tenir compte de l'ensemble de la situation financière de l'Empire et proportionner ses dépenses aux ressources disponibles. Malgré la légitimité de certaines réclamations, la prudence commandait de les accueillir progressivement et de se défendre contre des instances qui avaient leurs dangers. Néanmoins, et dans la mesure de ses moyens, l'Administration a, depuis quatre ans, agrandi son service et a doté les populations d'un certain nombre d'appareils nouveaux dont le bienfait a été immédiatement senti. Depuis 1861, 227 etablissements de poste ont été créés, 109 bureaux de distribution ont été érigés en bureaux de direction, le nombre des facteurs de ville a été augmenté de 310, celui des facteurs ruraux de 788, et 1,175 boites nouvelles ont été ouvertes au dépôt des lettres. Et il est juste d'ajouter que ces améliorations n'ont pas entrainé pour le budget de dépenses notables, attendu que l'Administration a pu, par une meilleure disposition de la marche de ses courriers, par la suppression d'un certain nombre de services de transports, parallèles les uns aux autres, et sans troubler aucune des possessions acquises, réaliser en quatre ans, sur le service des transports, une économie de 764,000 fr. Bien plus, et malgré ces développements de service, la relation proportionnelle de la dépense à la recette a baissé : le tableau suivant, qui compare les recettes aux dépenses, déduction faite des subventions maritimes, dont le caractère est plus politique qu'administratif, en est le témoignage.

ÉTAT COMPARATIF DES RECETTES ET DES DÉPENSES DU SERVICE DES POSTES, DEPUIS 1861 JUSQU'EN 1865 INCLUSIVEMENT.

ANNÉES	Recettes brutes.	Dépenses brutes.	Subventions maritimes.	Dépenses nettes, déduction faite des subventions.	Rapport de la dépense nette à la recette brute
1861	66,781,059	41,930,015	7,582,679	34,348,260	51. 43
1862	69,928,015	47,515,765	10,622,647	(A) 36,893,118	52. 76
1863	72,878,859	52,414,349	16,065,474	36,348,875	49. 87
1864	(B) 75,000,000	54,568,476	17,649,135	36,919,341	49. 23
1865	(C) 77,000,000	61,759,297	24,287,392	37,471,905	48. 66

(A) En 1862, une somme de 1,875,000 fr. a été payée pour le transport des bâtiments de la Compagnie des Messageries Impériales dans les mers de la Chine; la dépense a été imputée sur le chapitre des dépenses diverses. C'est ce qui explique l'élévation exceptionnelle des dépenses de 1862.

(B) Chiffres approximatifs, mais à peu près certains.

(C) Les faits de 1865 sont empruntés au budget voté de cet exercice.

Ces chiffres sont la preuve que tout en offrant au public des facilités nouvelles, l'Administration tendait à réduire progressivement ses frais d'exploitation.

Qu'il me soit permis d'ajouter que cette réduction n'a rien coûté à la régularité de l'exécution. Le nombre des erreurs commises par le service des Postes, erreurs qui ne proviennent pas toutes de l'imperfection du travail, mais qui sont causées, pour la plupart, par la défectuosité des adresses, s'est abaissé de 2.58 pour 1000 à 1.52 pour 1000 dans l'espace de trois ans, et la proportion des lettres tombées en rebut, qui était de 82 pour 10,000 en 1860, n'est plus que de 68 pour 10,000 en 1864 (1). Ces chiffres prouvent qu'en même temps que l'Administration des Postes réduisait proportionnellement ses frais d'exploitation, elle faisait effort pour rendre plus correct et plus sûr le travail qui a pour objet l'acheminement et la distribution des correspondances.

Le passé offre donc des améliorations que le public apprécie; mais Votre Excellence a voulu aller plus loin dans la voie des développements du service postal, et, sous son inspiration, l'Administration a cherché, par de nouvelles combinaisons de travail, à trouver, dans son budget même, les ressources que le budget général de l'État ne se prêtait pas à offrir.

C'est dans cette vue qu'elle a accompli la transforma-

---

(1)

ANNÉES.	Nombre de lettres en circulation.	Nombre de lettres tombées en rebut.	Proportion pour 10,000.
1860	263,500,000	2,179,201	83 p. °/ooo
1864	298,000,000	2,034,140	68 p. °/ooo

tion dont je vais avoir l'honneur de rendre compte à Votre Excellence.

Chacun connait le bureau ambulant ou waggon-poste qui circule sur les chemins de fer : il a pour objet de recevoir des lettres en dernière limite d'heure, c'est-à-dire jusqu'au moment où le train s'ébranle, et de manipuler en route les objets de correspondance recueillis au passage, de telle sorte qu'une lettre reçue parmi cent autres à la gare de Melun, soit déposée une heure après à la gare de Montereau.

Tout le service actuel de la poste repose sur le mouvement des bureaux ambulants qui constituent les grandes artères de la circulation postale ; mais, comme il arrive souvent des meilleures choses, on avait été amené à augmenter outre mesure l'action de ces utiles instruments. L'insuffisance de l'hôtel des Postes à Paris, s'opposant absolument à la division régulière du travail et à la manipulation des lettres, l'Administration est obligée d'envoyer en bloc, à chaque bureau ambulant, les objets de correspondance destinés au bassin qu'il parcourt, lui laissant le soin de les subdiviser entre les différents bureaux de poste qui desservent ce bassin. Par une conséquence logique, les bureaux de Poste répandus sur la surface du territoire ne font plus dépêche pour Paris, Lyon, Marseille et les grands centres, et envoient également en bloc leurs objets de correspondance au bureau ambulant, qui devient ainsi le déversoir et le manipulateur obligé de toutes les correspondances. On estime que les neuf dixièmes des correspondances, c'est-à-dire 16 à 1,800,000 objets par jour étaient travaillés par les bureaux ambulants. Bien plus, la place manquant toujours à Paris pour ses manipulations, et le mouvement augmentant sans cesse, les bureaux ambulants ont été chargés de préparer la distribution de Paris. Les correspondances des départements arrivent donc à Paris ayant subi en route une première manipulation, et sont remises directement à des escouades de facteurs qui n'ont plus qu'à les répartir par rue et par maison.

Telle est la fonction du bureau ambulant; elle est éminemment utile; mais développée à l'excès, elle présente des inconvénients.

En effet, le travail mobile est moins sûr que le travail sédentaire; exécuté dans des conditions de trépidation et de gêne, il devait forcément donner de mauvais résultats : l'encombrement faisait tort à l'ordre, la précipitation à la méthode, et la surveillance était difficile et insuffisante. En outre, le travail ambulaut coûte plus cher que le travail sédentaire; les agents voyageurs, tenus d'avoir deux domiciles, reçoivent des indemnités d'environ 1,000 fr. par tête, et plus de 900 agents s'agitaient nuit et jour pour produire un travail chèrement rétribué, et condamné, par sa nature même, à une exécution défectueuse.

Tous ces inconvénients de dépense et de travail imparfait auraient été sensiblement amoindris, si l'Administration avait disposé d'un local suffisant pour ses manipulations; mais la construction projetée d'un hôtel des Postes exigeant plusieurs années, les besoins publics devenant chaque jour plus impérieux, et l'Administration, voyant avec douleur des sommes considérables inutilement dépensées, elle a cherché un expédient pour concilier autant que possible la sûreté et l'économie avec les gênes qui lui étaient imposées par la force des choses.

L'étude des bureaux ambulants et l'examen de leurs combinaisons avec la marche des trains révèle deux faits :

1° Le gros travail du bureau ambulant qui reçoit ses masses au départ de Paris doit être exécuté promptemant, mais ne dure que quelques heures; au retour, c'est encore à l'approche de Paris que le travail est actif pour préparer la distribution du matin. A mesure qu'on s'éloigne de Paris, on n'a plus à faire que le *travail de route*, qui est peu considérable; donc, il importe que le bureau ambulant soit outillé de tous ses moyens d'action, c'est-à-dire de quatre, de cinq, de six agents au départ de Paris et au retour, tandis que plus loin, un ou deux agents suffisent à son travail;

2° Les courriers d'embranchement, chargés d'emporter les dépêches qui rayonnent des grandes artères de fer sont tous subordonnés à l'arrivée de Paris : les dépêches arrivées par les trains *remontant vers Paris* sont donc tenues de stationner un certain temps sur des points déterminés pour atteindre le train de Paris, et on peut alors profiter de ce stationnement forcé pour accomplir à terre certaines manipulations qui s'accomplissaient antérieurement dans le bureau ambulant.

Partant de ces deux ordres d'idées, l'organisation du travail a été modifiée ainsi qu'il suit :

Les bureaux ambulants partent de Paris avec un personnel complet, qui les accompagne sur un parcours de trois ou quatre heures; arrivés à un point donné du parcours, une partie du personnel s'arrête et l'autre continue sa marche jusqu'à destination. Les agents qui viennent de descendre du waggon prennent, quelque temps après, le train montant et reviennent vers Paris. Dans cette combinaison, le bureau ambulant est armé de tous ses moyens d'action au départ de Paris et au retour; il est réduit au nécessaire dans la partie éloignée de son parcours, et l'Administration économise des forces qui voyageaient inutilement sur les lignes depuis le point où elles avaient cessé d'être utiles jusqu'à l'extrémité du parcours.

En outre, et toujours en vue de substituer le travail sédentaire au travail ambulant, certaines correspondances *montantes* ne sont plus travaillées dans le waggon-poste : au lieu de séjourner plusieurs heures sur un point donné pour y attendre le train descendant et être emportées par les courriers d'embranchement qui correspondent avec celui-ci, elles remontent plus loin vers Paris, sont déposées en masse dans certains ateliers de travail disposés sur certains points de la ligne, reçoivent dans ces ateliers la manipulation qui leur convient et sont remportées toutes triées par le train descendant qui les remet à la destination. Dans cette combinaison, les dépêches montantes font plus de chemin que dans l'ancien système; elles ne sont plus travaillées dans le bureau ambulant, mais dans l'atelier sédentaire; elles reviennent, en compagnie des dépêches descendantes, toutes triées, au point qu'elles avaient franchi en bloc quelques heures auparavant, et en repartent à l'heure où elles en partaient la veille : en un mot, le temps qu'elles auraient perdu dans une gare à attendre le train de Paris et le courrier d'embranchement, elles l'emploient à remonter plus haut, à aller se faire travailler dans un bureau sédentaire et à revenir pour l'heure précise du départ du courrier qui doit les emporter. Le bénéfice de l'Administration, c'est d'avoir dégagé le bureau ambulant et d'avoir fait exécuter à terre un travail qui autrefois s'exécutait en route.

Tel est l'esprit de la grande transformation qui vient d'être opérée dans le service postal, transformation qui a d'ailleurs été subordonnée d'une manière absolue aux deux principes suivants :

Le premier, c'est que pas une seule des 38,000 communes de France ne puisse s'apercevoir de la transformation, c'est-à-dire n'éprouve un retard quelconque dans sa correspondance :

Le second, c'est que la moyenne du travail de jour ou de nuit imposé aux agents ambulants représente, par vingt-quatre heures, environ cinq heures de travail mobile et une heure de travail préparatoire aux gares, dans le waggon-poste au repos.

Ces deux principes ont été scrupuleusement respectés ; j'en donne l'assurance formelle à Votre Excellence.

Commencée au mois de juin dernier, la transformation était terminée au mois d'octobre suivant ; elle est donc aujourd'hui un fait accompli et n'a donné lieu à aucune réclamation. La transition du régime ancien au régime nouveau s'est accomplie sans que les populations en aient eu la conscience.

Le résultat financier de la mesure est celui-ci :

Toutes compensations faites entre les agents retirés des bureaux ambulants et certains agents sédentaires affectés aux points où le travail prenait un grand développement, le personnel ambulant, tel qu'il fonctionne aujourd'hui, présente une diminution de plus de 300 agents, comparativement au personnel inscrit au budget de 1865, et l'économie qui porte à la fois sur les traitements fixes, sur les indemnités et sur le matériel, s'élève au chiffre de 797,260 francs.

Je n'ai pas besoin de dire que les intérêts des personnes ont été soigneusement ménagés, que les employés retirés des bureaux ambulants ont été, autant que possible, replacés selon leur convenance, que des avancements prématurés ont été accordés à la plupart d'entre eux, et que leur sort a fait l'objet de la plus sincère sollicitude de l'Administration. Aujourd'hui presque tous sont rentrés dans les cadres réguliers du service, et l'économie de 797,000 fr. est claire, liquide et peut être employée à dater de l'ouverture de l'exercice 1865.

A cette ressource de prés de 800,000 fr. vient s'en ajouter une autre, applicable à l'exercice 1866. Diverses économies réalisées par les soins de l'Administration sur plusieurs branches du service, s'élèvent à 155,000 fr.; une somme de 100,000 fr. reste disponible par suite d'une diminution qui affecte la subvention allouée aux services maritimes de la Méditerranée, et enfin, l'expiration de certains marchés passés avec les chemins de fer, permet de réduire la dotation du chapitre des transports de 702,000 fr. C'est donc une somme de 957,000 fr. que l'Administration pourra effacer du budget de 1866.

Or, en réunissant :

1° La somme de 797,000 fr. économisée sur le budget de 1865 ;

2° La somme de 957,000 fr. qui est rayée aux chapitres du budget de 1866,

On obtient une somme de 1,754,000 fr. dont le budget actuel de la Poste se trouvera exonéré dans l'espace de quatorze mois.

Votre Excellence ayant bien voulu décider que la plus grande partie de cette somme serait employée à réaliser les améliorations que l'opinion publique réclame, l'Administration s'est hâtée de prendre les dispositions nécessaires pour donner satisfaction aux plus pressantes de ces réclamations.

En premier lieu, il convenait d'augmenter le nombre des établissements de Poste : on sait avec quelle vivacité les localités dont le commerce et les relations se développent, demandent la création de bureaux de Poste ou la conversion de bureaux de distribution en bureaux de plein exercice; ces réclamations ont trouvé plus d'une fois de l'écho au sein du Corps législatif, et elles répondent à un besoin réel des populations. Au premier janvier prochain, 100 bureaux de distribution seront créés et 100 bureaux de distribution seront convertis en bureaux de direction. En outre, le budget de 1866 comprendra une proposition pour cent nouvelles créations et pour cinquante conversions. Si donc le Corps législatif vote les propositions qui lui seront soumises à sa prochaine session, et son adhésion est peu douteuse, car il a témoigné plus d'une fois de sa sympathie pour le service des Postes, d'ici au 1er janvier 1866, le pays sera doté de 200 nouveaux bureaux de distribution et de 150 conversions. Ce n'est pas encore tout ce qu'il conviendrait de faire; mais c'est un soulagement notable apporté à des intérêts en souffrance et c'est un véritable bienfait accordé à 350 localités qui seront choisies équitablement parmi celles dont l'importance a pris le plus de développement.

Il est une question souvent agitée et qui n'a pas laissé que de passionner quelque peu l'opinion publique, c'est celle du service postal de l'ancienne banlieue de Paris : depuis l'annexion de 1860 les communes annexées reçoivent par jour cinq distributions de lettres, tandis que l'ancien Paris a continué de jouir des sept distributions dont il était précédemment en possession. Cette inégalité de traitement excitait les plus vives réclamations des communes annexées qui revendiquaient, comme un droit de l'annexion, l'égalité des avantages. L'insuffisance des crédits avait, jusqu'à ce jour, empêché l'Administration de donner satisfaction à leurs réclamations; mais la situation budgétaire permettant aujourd'hui d'accorder un traitement pareil à toute la population comprise dans le périmètre des fortifications de Paris, à dater des premiers mois de 1865, les communes annexées seront dotées des sept distributions par jour, objet de leurs vives et incessantes réclamations.

Le service de la distribution dans les grandes villes sera également l'objet d'une accélération souvent demandée : 66 facteurs de ville seront créés au 1er janvier prochain et répartis dans les places de commerce les plus importantes pour rendre plus fréquentes et plus rapides les distributions. Cette amélioration répondra aux vœux souvent exprimés par les chambres de commerce.

Enfin, Votre Excellence s'est souvent préoccupée du service rural et du sort des modestes agents qui accomplissent ce servic . Depuis deux ans, chacune des communes de l'empire continental est dotée d'un service quotidien, et seule, parmi toutes les nations de l'Europe, la France jouit de ce privilége qu'il n'est pas un habitant du territoire, quelque éloigné qu'il soit d'un bureau de poste, auquel un facteur n'apporte chaque jour sa correspondance ou son journal. Mais ce service, dont le caractère est éminemment démocratique, coûte des sommes considérables au Trésor; le traitement seul des 17,000 facteurs ruraux dépasse 8 millions par an, et, malgré l'élévation de ce chiffre, la détresse de ces agents excite une commisération universelle. Le parcours moyen, qu'ils exécutent quotidiennement, est de 26 kilomètres par tête, (quelques-uns font bien davantage), et leur salaire moyen est de 1 fr. 40 c. par jour. Si la charité privée ne venait en aide à la rémunération publique, leur existence ne serait pas assurée et leur recrutement deviendrait impossible. Vivement touchée de leur position nécessiteuse, l'Administration, secondée par le bon vouloir du Corps législatif, s'est efforcée de leur venir en aide; depuis trois ans, une somme d'environ 800,000 fr. a été répartie parmi les facteurs ruraux; le budget de 1865 ajoute 150,000 fr. à leur dotation; vous-même, Monsieur le Ministre, avez bien voulu allouer pour eux, sur l'exercice 1865, une autre somme de 100,000 fr. à prélever sur les économies réalisées dans le service ambulant, et enfin, Votre Excellence a inscrit au budget de 1866 une nouvelle allocation de 150,000 fr. pour le même objet. C'est donc une augmentation de 400,000 fr. qui, d'ici au commencement de 1866, sera ajoutée au crédit de ces agents, tant pour dédoubler des tournées excessives que pour améliorer des salaires, et cette allocation considérable témoignera de la sympathie des pouvoirs publics pour une classe de fonctionnaires dont les services sont universellement appréciés.

Après avoir pourvu aux besoins des populations,

l'Administration a dû se préoccuper des nécessités de son propre service. Pressée par le développement incessant du travail, elle avait employé toutes les ressources dont elle pouvait disposer à la création des bras nécessaires à son exploitation, et elle n'avait pu rien faire dans l'intérêt de la surveillance et de la direction de son travail : son organisation, qui remontait à une époque reculée, n'était plus en harmonie avec les faits nouveaux qui s'étaient produits, l'action et le contrôle étaient réunis dans les mêmes mains et les responsabilités étaient déplacées; les chefs de service dans les départements avaient cessé d'être des agents de surveillance pour devenir des agents d'exécution ; leur impulsion laissait à désirer, et le personnel nombreux de l'Administration des Postes offrait le spectacle d'une armée toujours militante et qui manquerait d'officiers. Constituer dans chaque département une direction effective du service, placer à côté du chef local des sous-inspecteurs ou des vérificateurs qui seront les agents nomades de sa surveillance, et faire exécuter par des commis les travaux secondaires qui absorbent aujourd'hui le temps des inspecteurs, c'est rendre aux chefs de service, avec la responsabilité légale de leurs fonctions, le temps de la réflexion et de l'étude, et c'est substituer à une organisation défectueuse et surannée, l'impulsion et le contrôle qui assurent l'activité et la précision des services. Grâce aux économies réalisées sur les bureaux ambulants, cette heureuse transformation sera accomplie dans les premiers jours de l'année prochaine; déjà Votre Excellence a voulu nommer sur chaque réseau de chemin de fer un inspecteur spécial, qui aura pour mission de vérifier et de surveiller l'organisation et l'exécution de toutes les parties du service, de coordonner ensemble les nombreux services de transport qui desservent un bassin territorial, de mettre en harmonie les différents courriers qui servent à la circulation des correspondances, et de tendre incessamment vers ce but suprême de l'exploitation postale : faire arriver les dépêches sur tous les points du territoire le plus vite et le plus économiquement possible. L'Administration attend les plus utiles résultats de la création nouvelle.

Telles sont, Monsieur le Ministre, les grandes modifications que l'Administration des Postes vient d'apporter ou qu'elle se propose d'apporter incessamment dans son service. Ces modifications peuvent se résumer ainsi :

Créations nombreuses d'établissements de poste ;

Conversions de distributions en directions ;

Augmentation du nombre des distributions dans les grandes villes ;

Organisation du service des communes annexées à l'ancienne agglomération parisienne ;

Amélioration du service rural ;

Transformation du service ambulant, et substitution, dans la mesure du possible, du travail sédentaire au travail mobile ;

Enfin, reconstitution dans le service administratif, du principe de contrôle et d'autorité.

Ces résultats ont été obtenus sans demandes d'allocations nouvelles, et par un emploi plus judicieux des ressources mises à la disposition de l'Administration. Après la réalisation de toutes les améliorations qui viennent d'être indiquées, le budget de l'exploitation postale de 1866 restera inférieur d'environ 400,000 fr. au budget de 1865, et le bénéfice net de l'exploitation, après l'acquittement de 24 millions de subventions maritimes, s'élèvera toujours à 13 ou 14 millions.

Votre Excellence remarquera qu'en rappelant les efforts faits pendant les dernières années pour favoriser les relations postales et ceux qui sont accomplis aujourd'hui, il n'est question que de l'exploitation proprement dite et non des faits extérieurs, qui ont pour objet de développer les relations lointaines.

Ainsi, depuis 1860, l'accroissement des services maritimes a été suivi avec persévérance; les lignes postales du Brésil, de l'Indo-Chine, de la Réunion, du Mexique, de l'Amérique du Nord et de Nice en Corse ont été ouvertes au grand profit de notre commerce et de notre influence; des conventions utiles ont été passées avec les peuples étrangers ou sont en voie de négociation; l'échange des mandats pour la transmission des valeurs a été autorisé entre la France et l'Italie, et nous avons lieu de croire que d'autres peuples voudront imiter cet exemple. On doit donc reconnaître qu'à aucune autre époque le Gouvernement n'a fait plus d'efforts et de sacrifices pour servir les intérêts d'un public dont les impatiences, il faut le dire, augmentent avec les facilités qui lui sont accordées. L'Administration a plus d'une fois devancé ces impatiences; ainsi l'an dernier, malgré la facilité laissée au public de mettre ses lettres aux boites des gares de chemins de fer en dernière limite d'heure, malgré l'application d'une boite incessamment ouverte aux portières des waggons-poste, l'Administration, à l'aide de beaucoup d'efforts et de quelques dépenses, et moyennant une légère taxe supplémentaire, a accordé un sursis d'une demi-heure aux boîtes des bureaux principaux de quartier à Paris, et d'une heure au bureau central de l'Hôtel des Postes. Aujourd'hui, une lettre qui tombe à 7 heures du soir dans la boîte de l'Hôtel des Postes, est emportée à 7 heures 45 minutes par les trains de Calais et de Marseille ; dans l'espace de 45 minutes elle a été timbrée, classée, transportée aux gares et déposée dans le bureau ambulant. J'ai le droit de dire, à l'honneur de l'Administration française, qu'aucun office postal du monde ne présente l'exemple d'une pareille célérité. Le nombre des lettres, et ce sont les plus urgentes, ainsi déposées aux levées supplémentaires, s'est élevé, pendant la première année, à 126,576, qui auraient généralement subi un retard de 24 heures. Ce nombre élevé témoigne de la valeur du temps pour la génération actuelle ; il témoigne aussi de l'empressement de l'Administration des Postes à aller au-devant des besoins publics, dans la mesure du possible.

Enfin, Monsieur le Ministre, qu'il me soit permis, en terminant ce compte-rendu, de rappeler que la construction d'un hôtel des Postes est arrêtée en principe, et que l'Administration n'attend plus qu'un vote législatif pour commencer les travaux. L'insuffisance et l'incommodité du local actuel sont de notoriété ; cette insuffisance condamne l'Administration à un travail défectueux et imparfait ; c'est elle qui a conduit à l'engorgement des bureaux ambulants : les mesures qui viennent d'être prises pour dégager ces bureaux ne sont encore que des expédients, et ce n'est que le jour où l'Administration aura des espaces suffisants pour ses manipulations, des cours spacieuses pour ses mouvements de voitures, qu'elle pourra, s'inspirant de la division du travail appliquée dans une usine, donner à son exploitation toutes les conditions de célérité de précision et d'économie désirables. A ce moment, le travail ambulant recevra de nouveaux perfectionnements qui seront eux-mêmes la source d'économies nouvelles. On peut espérer que d'ici à peu d'années ce grand bienfait sera réalisé; l'emplacement choisi, entre les rues de Rivoli et Saint-Honoré, entre les rues du Luxembourg et Mondovi, répond à toutes les conditions d'un hôtel des Postes : les objections tirées des considérations religieuses qui s'affligeaient de la suppression de la chapelle de l'Assomption ont été levées par l'adhésion de l'autorité ecclésiastique, les oppositions tirées de l'éloignement de l'emplacement ou du changement de quartier sont tombées devant une notion plus exacte de la réalité des choses, et il est aujourd'hui certain que l'Administration des Postes sera prochainement dotée d'un outil approprié à la fonction qu'elle remplit, facilité donnée à son service mais dont le public recueillera le bienfait.

J'ai fidèlement exposé, Monsieur le Ministre, la marche que l'Administration des Postes a suivie depuis quatre ans, les résultats qu'elle a obtenus et ceux dont la réalisation, préparée dès aujourd'hui est assurée d'ici à un court espace de temps. Constamment préoccupée des besoins publics, l'Administration fait effort pour concilier les intérêts du Trésor et les droits des populations qu'elle a mission de servir. Plus exposée qu'aucune autre aux réclamations, puisque chacune de ses erreurs blesse un intérêt privé, elle sait que l'opinion publique a une tendance à la rendre responsable d'erreurs qu'elle n'a pas commises et qui sont trop souvent le fait des nombreux intermédiaires qui, indépendamment du service des postes, séparent l'expéditeur du destinataire d'une lettre; mais les faits généraux témoignent de l'amélioration de son service, de sa sollicitude pour les intérêts publics, de l'esprit de progrès qui l'anime, et sans répudier la critique qui est le droit de chacun et l'aiguillon de tous, elle invoque à l'appui de ses efforts, l'autorité des faits accomplis et le témoignage de la vérité.

Agréez, Monsieur le Ministre, l'hommage de mon respect.

Le Conseiller d'État, Directeur général des Postes,

ED. VANDAL.

Typ. Charles de Mourgues frères. — 618.

www.ingramcontent.com/pod-product-compliance
Lightning Source LLC
LaVergne TN
LVHW020458230826
846091LV00008BA/3280
* 9 7 8 2 0 1 6 1 9 0 5 9 3 *